LA

DYNASTIE NAPOLÉONIENNE

ET LA

MORALITÉ DE SES ŒUVRES

PAR

A. DE THÉZAN

AUCH

IMPRIMERIE AUSCITAINE, ADOLPHE THIBAULT

1875

AU VRAI PEUPLE

Après avoir confié à la terre ton grain, espoir de la moisson, tu vas aussi cette année jeter dans l'urne électorale un vote souverain.

Tu sais quel sera, Dieu aidant, le résultat du premier travail; mais connais-tu bien les graves conséquences du second? La nourriture de ton intelligence t'est cependant aussi nécessaire que le pain de chaque jour!

Laisse-moi donc t'apporter ma gerbe, glanée dans le champ de la bonne foi, de la vérité et de l'affection; et si cette œuvre que je te dédie ne peut te convaincre sur les écueils du régime impérial, ne lui refuse pas du moins l'attention que l'on accorde aux modestes feux de sûreté qui sur les routes dangereuses indiquent les précipices.

I

La Revanche.

Il y a quelques mois, une brochure intitulée *la Revanche du Scrutin* a été mise en vente dans le Gers, et est encore quotidiennement annoncée dans le journal *l'Appel au Peuple*. Le nom de son auteur a tenté notre curiosité; nous l'avons lue, et nous allons dire franchement ce que nous en pensons, déclarant tout d'abord que ce n'est de notre part ni une profession de foi, ni l'expression d'une arrière-pensée personnelle.

Cette œuvre, éditée en petit format, comme de la menue monnaie électorale, a été aussi écrite en petit style et avec de petites inspirations. Nous doutons que Dieu lui prête vie et que la *Revanche* devienne jamais grande.

Pour le besoin de sa cause, M. Paul de Cassagnac met en scène quatre personnages politiques : un légitimiste, un orléaniste, un républicain et un impérialiste. Il prête à chacun des trois premiers le langage le plus fantaisiste, préparant ainsi à son héros un facile triomphe.

Nous n'avons pas la prétention de relever toutes les attaques de cette brochure; nous répondrons seulement à celles qui sont adressées aux royalistes, parce que nous nous honorons d'appartenir à ce parti, et si une plume rompue aux combats du journalisme croit pour cela pouvoir devenir injuste et partiale, ce n'est pas une raison pour que la nôtre, — moins habile mais plus sincère, —

n'ait aussi le droit de protester, en face de ce peuple même au milieu duquel nous avons passé notre vie, qui plus d'une fois nous a honoré de ses suffrages, et dont nous connaissons les intérêts et les besoins.

La *Revanche du Scrutin* manque essentiellement de la première qualité que doit avoir toute œuvre de propagande honnête, quelle qu'elle soit : la vérité. Or, la faute se proportionnant à la valeur de celui auquel elle s'adresse, nous considérons cette brochure, dédiée au peuple, comme une mauvaise œuvre. C'est une œuvre mauvaise au point de vue social, parce qu'au lieu d'apaiser et d'instruire, elle irrite, divise et ravive les colères, pareille à ces torches d'incendie qui brûlent sans éclairer.

C'est une œuvre mauvaise au point de vue de la loyauté de la lutte, parce qu'elle fausse intentionnellement l'histoire, désarme ses adversaires, leur jette sur les épaules travesties l'éternel manteau de la dérision, et dit ensuite à la nation : « Voilà l'homme! » En un mot, la *Revanche* crétinise odieusement son type du parti royaliste.

II

Les Royalistes.

Les royalistes trompent le peuple, dit-on, veulent
l'exploiter et, par lui, rendre au pays un gouvernement
d'injustices et d'oppressions. Voyons rapidement si cela
est vrai ; si, par exemple, le portrait de ce faux légitimiste,
de ce faux gentilhomme, inventé par M. de Cassagnac,
ressemble aux royalistes que tout le monde connaît, et si
leur conduite droite et loyale a rien de commun avec
l'orgueil insolent, la morgue dédaigneuse, l'hypocrisie
béate et l'ostentation stupide de ce ridicule comte de
Chèvrefeuille, que son auteur lui-même n'a mis en scène
qu'avec un nom volé et une opinion d'emprunt.

Après cette déclaration de sa part, nous pourrions bien
dire que la *Revanche* ne nous atteint pas et garder le
silence ; mais nous préférons chercher à éclairer une fois
encore l'esprit de nos populations sur la Monarchie, si
injustement calomniée, et sur l'Empire, si audacieusement
vanté et proclamé. Revenons d'abord aux royalistes.

Depuis près d'un demi-siècle, exilés volontaires à
l'intérieur, préférant l'honneur à l'argent, ils vivent en
général au milieu des populations rurales, auxquelles
les unit une étroite communauté d'intérêts ; mêlés au
peuple, devenus le peuple, ils participent à ses joies, à
ses douleurs, et leurs femmes, choisies, selon le portrait
de la *Revanche,* « parmi les filles sèches, maigres et pim-
bêches, sorte de folles avoines poussées dans un tas de

pierres baptisé du nom pompeux de château », leurs femmes, dis-je, si sauvagement désignées, autant que celles des autres cependant, consolent les malheureux, donnent le bon exemple, et leur orgueil ne sera jamais que d'être le fidèle instrument d'une ingénieuse bienfaisance.

Ramenés par leur conscience de la vie publique à la vie privée, les royalistes ont appliqué leur intelligence à l'industrie agricole; leurs ressources, comme leurs expériences, ont servi à enrichir le peuple, enchaîné alors à une routine improgressive, et ces hommes réputés « ignorants comme des carpes » ont été en réalité les messagers de la fortune publique, dignes d'être bénis à l'égal de ceux qui, dans un autre ordre d'idées, apportaient la paix dans le pli de leurs manteaux. Et lorsque, par les fautes et la coupable imprévoyance d'un gouvernement qui n'était pas le leur, la guerre est venue dévaster nos plus belles provinces, ces royalistes campagnards se sont-ils réfugiés derrière leurs *tas de pierres?* Ceux mêmes qui auraient pu le faire sont partis comme les autres à ce seul cri, qui autrefois aussi soulevait un grand peuple : «. La patrie est en danger ! » Ils n'ont pas regardé pour se battre à la couleur du drapeau, et ceux qui les ont suivis savent si ces volontaires faisaient bien leur devoir.

M. P. de Cassagnac daigne envoyer à Mentana son comte de Chèvrefeuille, non pour défendre le Pape, mais pour conquérir, dit-il, des quartiers de noblesse et comme si « ce fruit sec, cet ex-brigadier cassé » était toujours assez bon pour faire un zouave pontifical. Il aurait pu ne pas aller si loin pour représenter un vrai royaliste à l'œuvre, il n'avait qu'à le saisir à Patay, à Orléans, partout où l'éclair de l'épée de Charette indiquait le danger et l'honneur. Il est vrai que ceux qui mouraient là ne se battaient pas pour leur noblesse, ils en avaient assez dans le cœur. Ils se battaient pour la France, pour le sol de tous, pour la chaumière comme pour le château, et, lorsqu'ils tombaient pour mourir, alors seulement ils regardaient en arrière.

Ah! oui, beaucoup alors regardaient en arrière, parce que beaucoup avaient laissé à la garde de Dieu une femme et des enfants, et, pour mourir avec ce souvenir, il faut plus que le courage d'un Français, il faut aussi la foi d'un chrétien.

Que M. P. de Cassagnac n'attaque donc pas les royalistes; qu'il ne les défigure pas surtout et qu'il se souvienne que plus d'une fois il leur a rendu lui-même un public hommage en reconnaissant le désintéressement et la loyauté de leur conduite.

Après nous avoir livrés à l'animadversion publique, la *Revanche,* comme conclusion, nous fait traîner aux gémonies par le suffrage universel. C'est bien ici le cas de dire, parodiant un mot célèbre adressé à la liberté : « Ah! suffrage universel, que de crimes on commet en ton nom! »

Examinons maintenant la valeur des arguments politiques de la *Revanche,* et voyons si l'Empire a réellement affranchi le paysan, en enrichissant l'ouvrier, et si « cette royauté plébéienne et démocratique est la seule qui puisse gouverner au nom du peuple et par délégation de lui ».

Pour cette étude, nous invoquerons la vérité de l'histoire sur les principaux faits politiques ou religieux de la dynastie napoléonienne.

III

La Dynastie napoléonienne et le Suffrage universel.

« Le peuple, dit la *Revanche,* doit sa souveraineté aux Napoléon. C'est par cette seule dynastie que ce principe plébéien et démocratique a été consacré. »

A cette affirmation énoncée comme un incontestable principe, nous opposons celle-ci, historiquement vraie.

La dynastie napoléonienne n'a jamais donné au peuple, comme souveraineté, qu'un impérial mensonge et, comme bénéfice réel, qu'un sanglant écrasement.

Napoléon Ier s'empara du pouvoir par un coup d'Etat (18 Brumaire). Aux protestations des représentants du pouvoir exécutif existant alors, il répondit : « Je le veux ! »

Le Conseil des Cinq-Cents, expression du pouvoir populaire, fut dissous, et son ardente opposition ne servit qu'à le faire mettre brutalement à la porte. Soixante soldats furent employés à cette besogne. Voilà comment le fondateur de la dynastie plébéienne débuta dans la voie si étrangement nommée du suffrage universel, et au bout de laquelle son ambition à lui ne voyait déjà que le trône de France.

Il s'empara du pouvoir comme il eût saisi un cheval de bataille pour marcher en avant. Ses récentes victoires le firent, il est vrai, bientôt reconnaître par la nation et nommer Consul à vie. Si Napoléon eût été réellement l'homme représentant la souveraineté plébéienne et démocratique, il se serait attaché à ce pouvoir donné sans contre-poids et sans limite de durée. .

D'après un de ses historiens les moins suspects de partialité, « cela aurait dû lui suffire pour accomplir le bien qu'il méditait et reconstruire l'ancienne société détruite ».

Une telle destinée, qui aurait eu sa grandeur, apparut trop petite à celui qui rêvait d'asservir tous les peuples de l'Europe. La voix d'un génie fatal semblait lui dire comme au maudit légendaire : « Marche! marche!... »

Non content d'un pouvoir équivalent à la souveraineté, il voulut placer sur sa tête de républicain la couronne royale, et sur ses épaules de chef plébéien le manteau des Césars. Il reprit les chemins de l'usurpation, séduisit le Sénat, se servit des hommes sans convictions et se fit donner une autorité absolue, avec le droit d'hérédité dans sa famille. Ce privilége était incompatible avec le principe du suffrage universel. Mais rendons cette justice à Napoléon : il se préoccupait moins de ce désaccord que ne voudraient nous le faire croire les impérialistes de nos jours.

En résumé, certain du concours de l'armée et de l'appui aveugle du sabre, il escalada le trône comme il avait escaladé le Consulat, en répétant le mot qu'il disait naguère pour s'étourdir après l'assassinat du duc d'Enghien : « La Révolution, c'est moi!... »

Il aurait pu dire aussi : « La guerre, la souffrance et la mort, c'est moi »; car, par lui, les paysans, les ouvriers que nous autres nous trompons, d'après la *Revanche*, et que l'Empire doit enrichir et affranchir, par lui, dis-je, par ce Bonaparte, les enfants du peuple furent arrachés à leurs champs, à leurs ateliers et transformés en chair à canon. Plus d'un million d'hommes moururent, loin de leurs foyers, de froid, de misère et de faim, ou tués par l'étranger.

L'orgueilleuse volonté du despote ne considérait la famille que comme une munition de guerre. Il eut même un jour le cynisme de déclarer que la femme qu'il aimait le mieux était celle qui avait le plus d'enfants ! Cette parole, qui pouvait être celle d'un moraliste chrétien, n'était chez lui que l'expression d'un calcul de sa force armée et de son ambition; ce calcul impie devait le conduire un jour au divorce, cette rupture des liens les plus sacrés de la famille. Enfin l'Europe soulevée, la France épuisée, ses généraux eux-mêmes découragés firent abdiquer ce fou furieux de gloire et de victoires. Il prit le chemin de l'ile d'Elbe, où l'accompagnèrent les cris de fureur et la malédiction des populations qu'il dut traverser.

Le voilà exilé. Si du sommet de sa vie, désormais solitaire, Napoléon, regrettant les maux de la guerre, s'était incliné vers sa patrie, s'il s'était dit : « La France a besoin de repos, elle veut la paix; durant quinze ans, je l'ai trainée dans le monde, broyant les générations, je lui laisse sa liberté ! » il eût prouvé son amour pour le peuple et qu'il voulait être vraiment le chef d'une dynastie plébéienne. Il avait fait du reste de grandes choses; mais, hélas ! si ventre affamé n'a pas d'oreilles, l'ambition effrénée n'a pas de cœur, et, après avoir amené en France la guerre étrangère, il va y allumer la guerre civile, réalisant le mot d'Arena, son compatriote et un des Cinq-Cents : « Tu feras donc la guerre à ta patrie ! »

Oui, comme un banni en rupture de ban, il revint, nous le répétons, pour allumer la guerre civile et, chose plus triste encore, pour tuer dans le cœur de ses anciens compagnons de gloire l'honneur, gardien des serments.

La France le haïssait, il voulut la gouverner malgré elle, l'épuiser de nouveau jusqu'au jour où la Providence eut pitié de son peuple et cloua sur un roc le fondateur du *despotisme universel!*

Il faut avoir une foi politique bien naïve ou plutôt bien aveugle pour résister à l'examen impartial du règne de Napoléon III, de ce second prétendu fondateur du régime plébéien.

Pendant seize ans, il a conspiré et cherché à combiner les moyens de reconstituer à son unique profit le gouvernement impérial. Banni et déporté après sa tentative de Strasbourg, emprisonné après son complot de Boulogne, il court d'aventure en aventure jusqu'à ce que la Révolution vienne réaliser ce que n'avaient pu faire ses efforts toujours brisés par l'état calme de la France.

L'émeute, cette hideuse mégère à qui le détenu, le banni avait fait tant d'avances et de promesses, le prit enfin dans ses bras, et par elle il entra à l'Assemblée nationale, abordant enfin, comme une de ces épaves flottantes que le temps calme garde au large et que la tempête seule jette au rivage.

En France, l'ignorance des masses rend facile l'oubli des crimes, et la mobilité de notre caractère se prête merveilleusement au retour de l'opinion publique vers des noms qui devraient demeurer détestés. Il suffit même d'un Béranger, d'un petit chapeau et d'une redingote grise, pour que le souvenir devienne une trompeuse légende.

C'est ce qui arriva en 1848. Le nom de Napoléon fit nommer à la présidence de la République celui qui le portait. Beaucoup croyaient voter encore pour l'ancien.

Intelligence remarquable du suffrage universel!

Ce pouvoir, renouvelé pour dix ans en 1851, était, comme celui du premier Consul, de nature à satisfaire une âme sincèrement démocratique et dévouée à la souveraineté plébéienne. Mais ce cercle était trop étroit pour celle de Napoléon III. Ce fils de la Révolution allait faire plus qu'il n'avait encore fait pour sa mère, il allait devenir l'incarnation de la Révolution en la couronnant sur le trône de France.

« Au lieu d'arriver au trône, a dit un remarquable auteur, porté par l'opinion publique et le vœu de la France, il préféra l'escalader nuitamment, à main armée, à l'aide du parjure, du sang et du crime, et il inscrivit avec ses séides, au chapitre des dates néfastes de la Révolution française, cette nuit du Deux-Décembre, qui laissera bien loin derrière elle sur l'échelle des crimes politiques l'attentat du 18 Brumaire. »

Les généraux les plus dignes de l'estime de l'armée et du peuple, et les députés les plus influents furent brutalement enlevés à leur domicile et emprisonnés comme des malfaiteurs à Mazas ou à Vincennes. L'Assemblée nationale fut mise violemment à la porte par un bataillon de chasseurs. Le poids du sabre représentait encore ici, à la façon de la politique césarienne, le suffrage universel.

Une nation moins énervée que la nôtre eût réagi contre de tels coups de main ; mais, corrompue par ses derniers vingt ans d'ivresse révolutionnaire, la France se laissa mettre à la gorge la *poire d'angoisse,* qu'elle garda jusqu'au jour où elle fut bien préparée à crier vive Napoléon III, chef de la dynastie plébéienne ! Amère dérision !

Napoléon III porta atteinte aux principes d'honneur et de loyauté qu'aucune raison ne saurait dispenser de respecter. Il fit de la France un champ d'expérience où devait se produire chacune de ses idées personnelles. L'action vigilante de ses partisans avait tressé dans les départements, les cantons et les communes, un réseau administratif où se trouvait rivée la liberté électorale. Ce fut à cet engin gouvernemental qu'il dut ses sept millions de suffrages, et non pas au courant libre de la pensée publique.

Enfin, Napoléon III prouvait bien qu'il n'était qu'un jongleur couronné, lorsqu'il disait à un de ses amis, venu aux Tuileries avec une mission des patriotes italiens : « Dans ce pays-ci, pour faire croire au pouvoir, il faut la main de fer de l'Empereur et le manteau de Louis XIV. »

Pour lui donner la valeur qui lui manque, la *Revanche* compare à la révélation chrétienne la révélation impériale qui s'est produite, dit-elle, à dix-huit siècles de distance ! Si l'auteur impérialiste tient à ce rapprochement, il nous permettra de dire qu'il se trompe et que la révélation impériale, telle que nous la comprenons et telle qu'elle est réellement, se produisit exactement à la même époque que la révélation chrétienne. Il y a en effet dix-huit cents ans que, sous un Empereur, le suffrage universel préféra Barrabas au Sauveur et crucifia le Christ entre deux larrons. Nous dira-t-on que la voix du peuple n'était pas alors la voix de Dieu ? Pourquoi pas, puisque le principe impérial admet sans exception la volonté populaire ? M. Paul de Cassagnac vient encore de le déclarer à Belleville.

Nous sommes, nous aussi, pour le suffrage universel, mais à la condition qu'il soit loyal et éclairé, et nous ne croirons pas à sa sincérité tant que nous verrons ce grand fleuve, dont on nous dit de respecter le cours, transformé par quelques-uns en canal pour conduire l'eau vers le moulin d'un futur Empire.

Un troisième Empire ne peut d'ailleurs différer des deux premiers ; on n'éteint pas facilement les instincts de race, et le fils de Napoléon III peut-il ne pas désirer de venger son père ? Or, pour le venger, il faut la guerre, et la guerre coûte de l'argent, des larmes et du sang.

Que le pays s'en souvienne !

IV

La Dynastie napoléonienne et la Religion.

Si la bravoure, la témérité même d'une épée plusieurs fois éprouvée trouve toujours en France une sympathie naturelle, il ne saurait en être ainsi d'une plume qui se livre aux plus étranges rapprochements historiques, disons plutôt aux plus folles audaces, pour la défense d'une mauvaise cause.

Entre ces deux armes, en effet, il y a une grande diffé-rence; avec la première, on tue ou on est tué, en égalité de chance et sur un terrain de combat; la seconde, au contraire, lutte contre un adversaire désarmé, être collectif qui se nomme le peuple, lequel n'a pour toute armure qu'une loyauté que son ignorance rend plus saisissable, mais qui par cela même devrait être plus respectée.

Un instinctif sentiment de justice juge l'action diffé-rente de ces deux armes, et ce jugement est exact. Il absout humainement l'une, qui tue un individu, mais elle condamne toujours l'autre, qui tue des milliers d'âmes sans défense, au point de vue social bien entendu. Voilà pourquoi nous protestons au nom de ce peuple contre les surprises de la *Revanche* et demandons les clartés de l'histoire pour les prétendus bienfaits rendus à la religion ou au Pape par la dynastie napoléonienne.

La France étant au fond essentiellement catholique, il n'était pas sans intérêt ni sans habileté, non pas de détruire, ce qui est impossible, les actes irréligieux ou sacriléges du régime impérial, mais d'en modifier le caractère, d'en excuser la rigueur, d'en atténuer enfin la culpabilité, en les comparant aux fautes plus ou moins inventées de la Royauté.

La tradition est acquise à ce sujet, mais cela agace M. P. de Cassagnac, et, comme ceux qui bannirent autrefois Aristide pour ne plus l'entendre nommer *le Juste,* il veut renverser cette tradition pour ne plus l'entendre honorer nos Rois, seulement avec moins de bonne foi que les Grecs eux-mêmes; qu'on en juge!

« C'est, dit-il, un ancêtre du comte de Chambord, ce roi impie qui fit souffleter le Pape Boniface VIII par son émissaire Sciarra-Colonna. »

Il n'est pas vrai de dire que Philippe le Bel fit souffleter le Pape par Sciarra-Colonna. Si ce dernier l'a fait, ce qui d'ailleurs n'est nullement prouvé, il a obéi à un sentiment de vengeance personnelle et à une implacable haine de famille. Les Colonna s'étaient opposés à l'élection de Boniface VIII; devenu Pape, celui-ci les proscrivit; Jacques Colonna lui-même, alors cardinal en grande faveur, dut prendre le chemin de l'exil, et lorsque Sciarra trouva l'occasion de se venger, il le fit cruellement, non pour le compte du Roi de France, mais pour le sien.

Napoléon Ier, lui du moins, n'eut besoin d'aucun émissaire pour maltraiter de sa propre main le Pape Pie VII et pour imposer à cet auguste vieillard, après le plus injuste emprisonnement, la plus dure des tortures morales, celle des remords de la conscience. Il nous semble utile de rappeler brièvement cette histoire.

Napoléon Ier, dit-on, rouvrit les églises et rétablit le culte, cela est vrai; mais nous avons le droit de dire qu'il se fit catholique en France, comme il s'était fait mahométan en Egypte (1er juillet 1798). Il comprenait l'avantage qu'il y avait pour sa puissance et le bon ordre de la société, après les orgies de la Révolution, dans le rétablissement de l'Eglise catholique ; il savait aussi que, voulant jouer le rôle de successeur de Charlemagne, la présence du Pape à son couronnement donnerait à son autorité impériale un éclatant prestige, et c'est uniquement pour atteindre ce but qu'il mit en œuvre des séductions et des promesses qui, hélas ! allaient être bientôt oubliées.

Un an après sa venue si acclamée en France, le Saint-Père vit Napoléon s'armer contre lui. Son refus d'annuler le mariage déjà existant du prince Jérôme en fut le prétexte. En un mot, l'Empereur ne voulait pas souffrir que le Pape eût une autre politique, ni une autre religion que la sienne. Il envahit ses Etats et lui écrivit : « Je vous enlèverai votre domaine temporel et je ferai un roi à Rome. » — « S'il m'excommunie, ajoutait-il encore, pense-t-il que les armes tomberont alors des mains de mes soldats ? » Etrange langage pour un monarque qui se dit très-chrétien ! Il est vrai qu'il ressemblait à Charlemagne comme celui qui prend ressemble à celui qui donne. Une solennelle et publique protestation du Pape n'arrêtant pas enfin l'usurpateur, Pie VII, auquel on enlevait même ses cardinaux dévoués, lança contre Napoléon Ier un bref d'excommunication scellé de l'anneau du pêcheur. Alors ce souverain, qu'on prétend avoir honoré le clergé, va le persécuter cruellement dans sa plus auguste personnification. Le 6 juillet 1809, un général de triste mémoire, accompagné de quelques gendarmes, vint enlever brutalement du Quirinal le Vicaire de Jésus-Christ ; traîné comme un malfaiteur au milieu des populations désolées, conduit en France, interné trois ans à Savone, il fut enfin transporté à Fontainebleau. C'était après les désastres de

Moscou, de Smolens, de la Bérésina, du Niémen, et on se demande si les paroles prononcées au mépris de l'ex-communication « pense-t-il que les armes tomberont alors des mains de mes soldats? » n'ont pas déjà trouvé leur éclatante réalisation; car ces armes, le froid et la faim, fléaux de Dieu, les ont arrachées à notre armée.

Mais ces idées n'occupent pas l'Empereur; il songe seulement à réparer ses désastres. Pour cela, il cherche encore à se réconcilier avec le Pape et à lui arracher de nouvelles concessions. L'auguste vieillard avait soixante et onze ans; épuisé, abattu, effrayé, l'homme en lui fut vaincu le 25 janvier 1813, et vaincu par le plus tyranni-que des pouvoirs; le Pape du moins se releva aussitôt, et Pie VII, se souvenant de Pierre, protesta publiquement et solennellement contre les concessions que Napoléon lui avait extorquées. Voilà ce que fit le chef de cette dynastie napoléonienne, proclamé cependant le restaura-teur dans notre pays de la religion catholique !

Nous ne pouvons admettre que ces violences aient été le résultat naturel des luttes réciproques de la souverai-neté. Non, Napoléon voulut simplement enchaîner la religion à son char de conquérant, comme tout ce qui faisait obstacle à son ambition; ce qui le prouve, c'est que pendant qu'il rouvrait les églises en France, il les profanait en les pillant en Italie; il faisait fondre et con-vertir en monnaies les statues d'or et d'argent; il arra-chait aux tombeaux sacrés, à celui entre autres de saint Charles Borromée, à Milan, les pierreries les plus pré-cieuses, disant que les saints n'ont pas besoin de richesses.

Après avoir voulu abaisser l'autorité religieuse dans l'Etat, il introduisit l'esprit de révolte dans la famille par le scandaleux exemple du divorce.

Patrie, religion, famille furent tour à tour épuisées, persécutées et troublées par ce génie que l'audace de ses entreprises et la grandeur même de ses fautes firent nommer le héros des temps modernes.

« C'est un ancêtre du comte de Chambord, dit encore la *Revanche,* qui déclara irrévérencieusement, ventre-saint-gris ! que Paris valait bien une messe. »

Cette parole d'Henri IV, si elle est vraie, ce qui n'est pas non plus prouvé, nous semble bien plutôt une fanfaronnade gasconne, une réminiscence huguenote assez naturelle chez un converti de la veille, qu'une attaque intentionnelle ou l'expression irrévérencieuse d'une arrière-pensée chez le Béarnais ; sa conduite d'ailleurs en rend témoignage. Mais, serait-elle vraie, nous allons lui comparer, comme chef-d'œuvre d'hypocrisie et de lâcheté, les paroles que Napoléon III disait à Cialdini, dans son entrevue de Chambéry, au sujet des soldats pontificaux, au nombre desquels la France comptait de si héroïques volontaires : « Pouvez-vous les égorger ? Allez et faites vite ! » Cet odieux conseil, donné au moment même où notre ambassadeur rassurait Rome et le général La Moricière, provoqua le massacre de Castelfidardo. La France et l'Europe entière y répondirent par un long cri d'indignation.

Napoléon Ier avait dépouillé le Pape brutalement, violemment ; mais du moins il l'avait fait franchement et de sa propre main, avec le courage de sa conduite.

Napoléon III le dépouille aussi, mais avec la main des autres. « Il couvre d'encens sa victime et la traîne au calvaire. » Complice de Victor-Emmanuel dans l'unification de l'Italie, c'est-à-dire dans l'invasion armée du domaine temporel du Saint-Siége, Napoléon III vit tomber sur la tête du roi de Piémont, désormais roi d'Italie, et par conséquent sur la sienne, une sentence d'excommunication majeure ; car leur solidarité dans l'œuvre criminelle entraînait, moralement du moins, une communauté de responsabilités et, par suite, de châtiments,

Napoléon III, nous dit-on enfin, a défendu Pie IX à Mentana contre ses ennemis ; oui, cela est vrai ; seulement il l'a défendu, sauvé même, à la façon de ces sauveteurs qui, après vous avoir jeté à l'eau et voyant arriver la police, se précipitent dans le courant et vous en retirent pour ne pas être soupçonnés. Napoléon III n'a secouru le Pape que parce que la France manifestait une opposition qui pouvait devenir dangereuse pour le gouvernement impérial.

Froissée dans son sentiment catholique, humiliée par cette politique en dehors de ses traditions de loyauté, de fidélité et d'honneur, elle publia des centaines de livres et de brochures de protestation et de dévouement au Saint-Siége, qui effrayèrent et firent intervenir malgré lui l'excommunié et le conseiller de Cialdini.

Aujourd'hui le Pape est prisonnier au Vatican. Que Napoléon III s'en soit lavé les mains comme Pilate, selon l'expression de Mgr Pie, il n'en demeure pas moins coupable et condamné par l'histoire. Un bourreau a dit : « Le sang ne dort pas. » La fin de la vie de l'ex-empereur a dû être alors une cruelle insomnie, car l'ombre vengeresse des victimes de Castelfidardo et le souvenir des souffrances de Pie IX ont dû venir troubler son esprit, comme celle du duc d'Enghien épouvantait Napoléon Ier.

Depuis que nos Rois s'en sont allés, nous pouvons dire, comme autrefois Rome : « Les dieux sont partis et nous sommes abandonnés ! »

Je m'attends à ce que l'on m'objectera : « Voilà bien le droit divin que vous voulez toujours rétablir. » Je répondrai sincèrement : Si ce mot vous choque, ce n'est pas le droit divin que je dirai, mais le lien divin qui rattachait la France à Dieu. Ce lien s'établit il y a onze siècles sur un mémorable champ de bataille, lorsque Clovis courba sa tête, reçut de saint Remi le baptême, et du ciel la victoire. Depuis cette solennelle consécration, la protection divine s'est souvent manifestée aux heures d'angoisse et de danger de la France catholique. Durant ces onze siècles, soixante-cinq rois se sont succédé, continuant l'œuvre chrétienne et française. Si tous n'ont pas été également dignes du peuple et d'eux-mêmes, la France n'en a pas moins poursuivi le cours glorieux de ses destinées. N'est-ce pas la preuve irrécusable que le principe de la Monarchie nationale peut seul résister aux dangers de la faiblesse humaine ?

Les institutions valent par la valeur de l'idée qui les fait naître, par les lois morales qu'elles représentent, et non par les hommes qui les servent.

Sur douze apôtres, il y eut un traître : cela a-t-il prouvé quelque chose contre la doctrine du Christ ? Nous aimons à constater aussi que sur ces soixante-cinq rois, la *Revanche* n'en attaque que cinq. Quel plus éclatant hommage peut-on rendre au gouvernement plus de onze fois séculaire de la France !

Lorsqu'un orage trouble un jour un courant ordinairement limpide, la pureté de sa source lui rend tôt ou tard son état primitif. Mais si la source est troublée elle-même ou empoisonnée, alors le courant demeure toujours empoisonné comme elle. Tel a été l'Empire, sorti de la Révolution ! Il ne pouvait que pervertir le peuple. Aussi durant vingt ans notre pays a vécu dans une honteuse ivresse, dont le réveil devait être la mutilation du territoire, des milliards à payer à l'étranger et les douleurs de la guerre. Et, lorsque des hommes d'intelligence et d'énergie le convient encore à restaurer ce même Empire, nous nous demandons sincèrement s'il existe deux sortes de dévouement et de patriotisme.

V

La Dynastie napoléonienne et la Politique.

Si, comme nous avons essayé de le démontrer, le suffrage universel n'a été qu'un moyen inventé par la dynastie napoléonienne pour arriver au pouvoir ou plutôt pour s'y maintenir, si la religion n'a été pour elle qu'une chose bonne à utiliser, selon l'expression d'un auteur contemporain, sa politique sera facile à définir.

Usurpation et violence d'abord, hypocrisie et lâcheté ensuite.

La Révolution a pour but le renversement de toutes les lois essentielles de loyauté et d'honneur, en un mot de moralité, qui sont gravées plus sûrement encore dans la conscience non déformée des nations que sur l'airain ou le marbre de leurs édifices publics. A ce titre, le régime impérial n'a été qu'un fidèle instrument révolutionnaire, car ces lois, il les a constamment méconnues et violées, et c'est bien à lui que revient cette maxime moderne : « La force prime le droit. »

Cette maxime, qui devait surtout devenir la devise du second Empire, fut mise d'abord en pratique par Napoléon Ier, génie plus militaire que politique, et dont la vie se dépensa sur les champs de bataille contre l'étranger bien plus que dans les spéculations habiles d'une diplomatie européenne. Cette politique d'agression et d'oppression ne tarda pas à amener la coalition des peuples, et les ennemis sur le sol français. Pour atténuer la responsabilité de cette invasion, on a prétendu que les Bourbons étaient revenus protégés par les armées étrangères; c'est une odieuse calomnie; quinze ans de guerre et les excès d'un despotisme écrasant ont reporté vers eux le cœur endolori de la France, voilà la vérité. — « Dieu, a dit un éminent écrivain, se sert quelquefois de la Révolution pour redresser et purifier une société corrompue; sous sa main, les excès même préparent dans l'avenir les jours de la justice. » Napoléon Ier crut par ses lointaines victoires couvrir la France d'une gloire impérissable. Hélas! ses conquêtes, non-seulement ne devaient pas dépasser un jour les limites déjà existantes de la Monarchie, mais elles ne firent que jeter chez toutes les nations de l'Europe des ferments de haine contre nous, des désirs de vengeance, et nous préparèrent ainsi les désastres, le morcellement et les hontes d'un second Empire, qui allait faire de Sedan un funèbre écho de Waterloo.

Tour à tour grand comme Alexandre ou brutal comme Brennus, la France ne fut jamais pour lui qu'une cavale de guerre, sur le dos de laquelle, Centaure impétueux, comme l'a dit Barbier, il sauta botté, et dont il déchira impitoyablement les larges flancs. Napoléon Ier tomba du moins comme ces colosses auxquels il n'a manqué pour être inébranlables qu'une base solide; météore brillant, il s'éteignit après avoir parcouru et plus effrayé qu'éclairé le monde.

Napoléon III inaugura une déplorable diplomatie, dont les conséquences devaient être des guerres désastreuses. Jeune encore, il s'était enrôlé dans les sociétés secrètes; révolutionnaire d'instinct, il ne devint conservateur que lorsqu'il fut au pouvoir, et pour établir en Europe ce qu'il appelait le droit nouveau. Cette négation de toute moralité politique et de tout ordre social était une scandaleuse innovation, qui allait devenir l'âme et l'inspiration de sa politique. Sous la Monarchie traditionnelle, une solidarité internationale d'honneur et d'intérêt établissait dans une parfaite harmonie l'équilibre européen.

Alors, les petits Etats vivaient sans préoccupation de leur faiblesse, à l'abri de leur droit et à côté des grandes puissances. Il n'était pas plus permis à un souverain de voler un peuple sans raison légitime, qu'à un individu de dépouiller son voisin. Cette loi morale valait mieux pour tous que les places fortes et les canons; elle maintenait dans la conscience publique cette notion de respect et cette certitude de protection qui assuraient aux faibles l'indépendance et une existence nécessaire dans l'équilibre des nations.

Napoléon III a vite compris l'embarras pour lui de ces principes de solidarité européenne; à l'aide de la Révolution, il fait bientôt adopter un code nouveau où l'on trouve par exemple ceci : « On ne gouverne pas avec la vérité », ou encore, comme le disait un député italien en plein Parlement : « Ravager un Etat voisin et le trahir est un moyen moral. »

Il donna l'exemple lui-même de l'application de ce droit nouveau en se faisant en Italie le complice des plus noires spoliations. Grâce à lui, les Romagnes, la Toscane, les duchés de Parme et de Modène furent rayés de la carte et confondus dans l'unification italienne. Ces Etats avaient cependant un gouvernement à eux, une vie propre, libre et indépendante. Qu'importe! l'homme du Deux-Décembre les a condamnés et ils périront victimes de celui qu'on nous représente encore comme le second fondateur du suffrage universel. Etrange et cruelle dérision !

Ailleurs la protection de Napoléon III est non moins fatale, parce qu'elle couvre toujours une trahison. Par elle, Maximilien d'Autriche deviendra au Mexique l'assassiné de Queretaro ; Ferdinand II de Naples, le vaincu de Gaëte ; Isabelle d'Espagne, une reine exilée à l'étranger ; Pie IX, écrasé dans ses héroïques volontaires à Castelfidardo, sera bientôt le prisonnier du Vatican.

L'histoire impartiale gardera le témoignage de ces victimes, et leur sang ou leurs douleurs jetteront sur la mémoire de Napoléon III une tache indélébile.

Tout ce que sa main a touché, elle l'a détruit, parce que créer est un don de Dieu et que l'Empereur n'a eu foi que dans son génie diabolique. Il n'a jamais rien vu au-dessus du côté matériel de notre corps social. Napoléon Ier avait considéré la France comme une cavale de guerre, Napoléon III en a fait une machine inconsciente, chef-d'œuvre d'industrie sceptique où la vapeur de tous les égoïsmes a remplacé les pulsations de son cœur, qu'animaient autrefois de saintes croyances. Mais, de même que toute machine s'use et s'arrête un jour, parce que rien de ce qui dure n'est en elle, de même aussi la France mécanique s'est brisée, et avec elle son fataliste mécanicien, qui a pu dire, non pas comme François Ier : « Tout est perdu *fors* l'honneur » ; mais, « Tout est perdu ET l'honneur. » Sedan n'est que le châtiment de ce règne où, durant vingt ans, la France fut livrée au matérialisme et aux basses passions, comme autrefois on jetait les chrétiens aux bêtes.

Louis-Philippe, ce digne fils aussi de la Révolution, avait, — il faut l'avouer, — admirablement préparé les voies à cette corruption. Sous son gouvernement, l'école philosophique disait aux esprits : « Ne croyez à rien » ; sous l'Empire, on n'eut qu'à dire au corps : « Croyez à tout. » Les théâtres, les lieux publics de toute espèce, offerts aux ouvriers que la séduction arrachait à leur famille, aux austères travaux des campagnes, firent le reste.

Nous n'insisterons pas sur les guerres entreprises par Napoléon III contre le gré de la nation ou faites sur de fallacieux prétextes; nous nous contenterons, comme moralité de ces guerres, de citer cette phrase extraite du livre d'un auteur étranger intitulé le *Dernier des Napoléon :* « Quant à nous, qui avions douté de la Providence, nous sentons depuis Sedan et Metz que Dieu et sa justice se réveillent. » Cette parole est cruelle pour la France, il répugne à notre main de l'écrire, et cependant les actes inavouables de Napoléon III au Mexique, en Italie et en Espagne, n'en sont-ils pas la justification?

L'ascendant moral des Bourbons fut plus heureux : il sauva la France après les désastres du premier Empire. Ils la sauvèrent du démembrement et lui ramenèrent une prospérité telle que, peu d'années après, elle n'avait pas seulement guéri les plaies profondes que lui avaient infligées la Révolution et l'Empire, mais ils l'avaient replacée à la tête de l'Europe.

Grâce à la sécurité de relations des Bourbons, à la loyauté de leurs agissements, le monde entier se disputait leur alliance, et la France était invincible. « Depuis la chute du roi Charles X, disait naguère M. de Girardin, qui n'est pas un royaliste, notre diplomatie a commis de telles fautes et creusé de si faux errements qu'on peut dire qu'elle n'existe plus qu'au budget de l'Etat, où elle émarge de gros traitements pour ne rendre aucun service. De 1830 à 1870, pendant quarante années, quels services a-t-elle rendus? Je défie qu'on en cite un seul. »

La force de la France fut la légitimité des Bourbons; le respect de l'Europe, elle le dut à la majesté de sa race, et nous aimons à citer ici ce mot de Louis XIV au maréchal de Villars : « Je suis plus Français que Roi. »

Au point de vue libéral et de l'unité nationale,

Louis XVI consacra l'égalité civile et la liberté politique, et, ce qu'il est vrai de dire, c'est que la Révolution, au lieu de créer ces principes, comme on le croit vulgairement, ne fit que les étouffer. Toutes les distinctions de castes et les priviléges pécuniaires furent abolis en 1788, selon l'excellent auteur des Assemblées provinciales, M. Léonce de Lavergne, qui ajoute que la nuit du 4 Août ne trouva à détruire que les droits de chasse et de colombier.

La Restauration continua l'œuvre des réformes et reconstitua les finances obérées; elle paya en 1815 un milliard à l'étranger; cette indemnité fut payée sans que le peuple s'en ressentît le moins du monde. Les impôts ne furent pas augmentés, aucune taxe exceptionnelle ne vint frapper les objets de première nécessité, tels que le pain, le vin, l'huile, etc. Le peuple put vivre et il ne s'aperçut pas que son gouvernement avait à faire face à des dépenses excessives.

En 1829, dernier exercice de la Restauration, le budget de l'Etat s'élevait à un milliard et quinze millions. Chaque Français payait environ par tête vingt-cinq francs d'impôts. Aujourd'hui, en 1875, le budget sera de deux milliards neuf cent trente millions. Chaque citoyen paiera par conséquent environ soixante-quinze francs d'impôts, c'est-à-dire trois fois plus que sous la Monarchie.

Le comte de Chambord, avec son honnêteté et ses idées libérales parfaitement en rapport avec les légitimes aspirations du pays, était certainement prédestiné à couronner l'œuvre de nos utiles réformes et en somme à relever la France; on ne l'a pas voulu! Nous n'essaierons pas de faire le triste inventaire des causes d'où naquit la coupable opposition qui lui barra le passage; mais, un jour, on reprochera certainement à l'Assemblée nationale de n'avoir pas osé ou voulu mettre Henri V sur le trône, alors qu'elle le pouvait si bien. Si le prince avait suivi, comme les Napoléon, les conseils d'une politique de coups d'Etat, il aurait pu s'emparer plus d'une fois du pouvoir; mais, pour lui, le suffrage universel ne doit pas être un mensonge, et il demeura fidèle à ce qu'il avait dit : « La parole est à la France. »

Cette loyale conduite accuse énergiquement la faiblesse et l'aveuglement de l'Assemblée. Un de ses membres les plus honorables, M. de Belcastel, la défendait naguère en disant que si elle n'avait pas fait tout le bien qu'elle pouvait faire, du moins elle n'avait pas fait le mal, et que les portes étaient encore ouvertes à toutes les espérances. Nous regrettons de ne pas être de cet avis. Nous croyons que beaucoup de mal qui n'existait pas, il y a quatre ans, et que l'Assemblée aurait pu empêcher avec plus d'union et d'énergie, existe aujourd'hui. Nous n'aurions pas de preuve à ce sujet, qu'il nous suffirait, pour demeurer convaincu, de nous rappeler cette grande loi du monde, que tout ce qui n'augmente pas diminue; or, le bien n'a pas augmenté. Mais, hélas ! les preuves existent aussi; en voici une entre autres : Si, après Sedan et la chute de l'Empire, et mieux encore après la signature des dures conditions de la paix, quelqu'un avait osé parler en faveur du régime déchu, n'aurait-il pas soulevé un cri d'indignation? Et s'il avait exprimé l'espoir d'un retour possible, une explosion de colères ne lui aurait-elle pas répondu? A cette époque, les partisans dévoués de l'Empereur gardaient eux-mêmes un profond silence; leur conscience reconnaissait les faiblesses, les fautes, les défaillances de son gouvernement; elle en avait honte. Car tomber n'est pas toujours faillir. Après le départ de leur Roi, les légitimistes n'ont jamais courbé la tête, à moins que la Révolution ne la leur ait coupée; c'est que le droit était avec eux. Eh bien! ces faiblesses, ces défaillances de l'Empire demeurent aujourd'hui les mêmes, et cependant de toutes parts les bonapartistes préparent ostensiblement une restauration impériale; ils annoncent son prochain avénement; ils étalent leurs assurances; ils font *des paris* sur la certitude de leur future nomination à l'Assemblée prochaine, et nous traitent déjà comme le berger traite ses moutons en leur disant et sans plus de façon : « Vous serez bientôt tondus. » Ce scandaleux courage est un mauvais signe, et nous en concluons que l'état de la santé morale de la France s'est considérablement aggravé.

Quel que soit le danger qui nous menace, nous croyons cependant qu'il dépend de nous de ne pas mourir. L'impressionnabilité, la mobilité, la facilité d'entraînement au mal peut devenir également chez le peuple français une cause de bien. Toutes les réactions sont possibles dans les âmes qui se livrent à l'enthousiasme, cette force de cohésion qui devient irrésistible, lorsqu'elle pousse un peuple vers le bien. C'est là une différence essentielle entre les nations latines et les nations germaniques, et, lorsque ces dernières seront minées par les mêmes courants de révolte, elles mourront rapidement.

Considérant enfin notre avenir à un point de vue plus élevé, nous croyons encore que ce n'est pas sans une intention providentielle que Lazare, ce symbole de résurrection, est venu demander l'hospitalité à notre terre de France. Evidemment Dieu conduisait sa barque à Marseille comme il dirigeait celle de Pierre vers Ostie. Espérons que notre patrie, d'où s'élèvent des prières ardentes, aura un jour sa renaissance !

Si un rayon de soleil peut enlever la goutte d'eau à la fange, un pur rayon de foi politique dans le cœur des hommes que l'égoïsme conseille et que l'ambition aveugle peut arracher également la France à la boue révolutionnaire,

Délégués ou simples électeurs, votons pour des candidats dévoués à nos intérêts et qui puissent, par leurs convictions honnêtes comme par leur situation sociale, honorer notre pays.

Auch. — Imp. Auscitaine, A. THIBAULT.